24827

# CATALOGUE

## RAISONNÉ,

### DES TABLEAUX, DIAMANS;

Bagues de toute espéce, Bijoux & autres Effets provenant de la Succession de feu Monsieur CHARLES GODEFROY, Banquier & Joüaillier.

## Par E. F. GERSAINT.

Cette Vente coumencera le Lundi de la Quasimodo 22. Avril 1748. & continuera les jours suivans sans interruption, dans les Salles du Couvent des Grands Augustins.

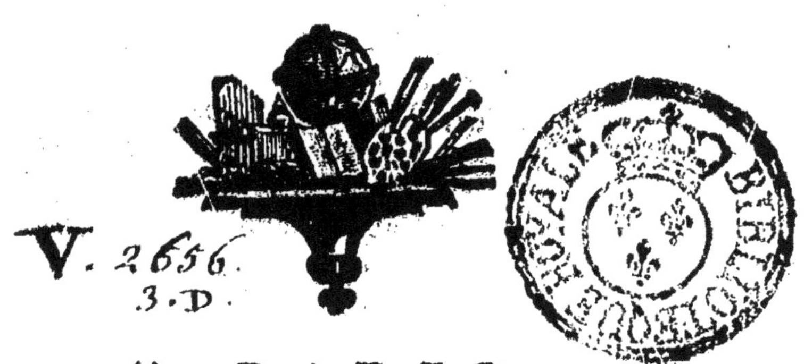

## A PARIS;

Chez { PIERRE PRAULT, Quay de Gêvres; JACQUES BARROIS, Quay des Augustins.

### M. DCC. XLVIII.

AVEC APPROBATION ET PRIVILEGE.

# LISTE
## DES CATALOGUES
### DRESSÉS
*Par E. F. GERSAINT,*

Depuis l'année 1736.

CATALOGUE Raisonné de Coquilles, Insectes, Plantes Marines, & autres Curiosités naturelles, en 1736.

—— D'une collection considérable de Curiosités de différens genres, &c. en 1737.

—— Des diverses Curiosités du Cabinet de M. QUENTIN DE LORENGERE, &c. en 1744.

—— D'une collection considérable de diverses Curiosités en tout genre, contenuës dans les Cabinets de M. BONNIER DE LA MOSSON, en 1744.

—— Des différens Effets curieux & rares, contenus dans le Cabinet de M. le Chevalier DE LA ROQUE, en 1745.

—— Des Bijoux, Porcelaines, Lacqs, Tableaux, Desseins, &c. provenant de la Succession de feu M. ANGRAND, Vicomte de FONSPERTUIS, en 1747.

—— Des Tableaux, Diamans, Bagues de toute espece, Bijoux, &c. provenant de la Succession de M. CHARLES GODEFROY, Banquier, en 1748.

# AVERTISSEMENT

ON a cru qu'il ne feroit pas hors de place d'inftruire les Curieux de l'occafion qui donne lieu à la Vente des Tableaux qui font inférés dans ce Catalogue. Feu M. CHARLES GODEFROY Banquier, à la Succeffion duquel le fonds de ces Tableaux appartient, avoit mis fa confiance dans feu M. Godefroy le Peintre, qui demeuroit dans le Clôître de S. Germain l'Auxerrois, vis-à-vis le grand Portail de l'Eglife, & où Madame fa veuve occupe encore le même lieu.

M. Godefroy le Banquier, connoiffant la probité & la grande connoiffance que ce dernier avoit dans le Tableau, accepta, partie par l'amour qu'il avoit pour la Peinture, & partie par efprit de Commerce, la propofition qu'il lui fit

a ij     d'aller

d'aller dans le Pays Etranger pour acheter, en commun, les plus beaux Tableaux qu'il pourroit trouver, fous la condition que l'un fourniroit les fonds, & l'autre fa connoiffance & fon intelligence ; le bénéfice qui pourroit arriver fur la vente de ces Tableaux, devant être partagé entr'eux deux, par portion égale.

Il fut donc à cet effet confacré, par M. Godefroy le Banquier, un fonds confidérable pour ces acquifitions, & le Peintre fut chargé de recueillir tout ce qu'il pourroit rencontrer de beau dans fes Voyages, qui eurent lieu par la fuite, tant en Flandre qu'en Hollande.

Les Amateurs n'ignorent pas que M. Godefroy le Peintre, ne revenoit jamais de ces Voyages, fans jouir de l'agrément d'une recolte de morceaux diftingués, dont quelques-uns ont été trouvés dignes d'entrer dans la belle Collection de Sa Majefté ; & plufieurs autres

ont

ont paſſé dans les meilleurs Cabinet de la France & des Pays Etrangers.

Ce Peintre étoit aimé de tous les Curieux, dont il fut regreté, ainſi que de ſes Confreres ; il méritoit de l'être par la douceur de ſes mœurs, ſon caractere bienfaiſant & ſon mérite particulier dans l'Art qu'il cultivoit.

Il eſt néceſſaire de ſçavoir, pour l'avantage de la plûpart des Morceaux énoncés dans ce Catalogue, que feu M. Godefroy le Peintre avoit déja été honoré long-tems avant, de la confiance des plus grands Curieux, dans le choix de leurs Tableaux. En 1725. M. le Chevalier Robert Walpol eut recours à lui pour l'aider, en partie, à former ſon Cabinet. Ce fut lui qui fit pour ce Milord, chez feu M. de la Faille, l'acquiſition de ce fameux Tableau du *Quos Ego*...... de *Rubens*, qu'il conduiſit lui-même juſqu'au Port de Calais, où il le

a iij

fit

fit embarquer pour l'Angleterre,
Milord Walgrave avoit aussi confiance en lui. Il étoit, de plus, pen-
sionné par M. le Prince de Cari-
gnan, par Madame la Comtesse de
Verrue, & par M. de la Faille,
pour veiller à l'entretien de leurs
Cabinets, qui étoient les trois plus
recommendables de ce tems-là.

Les talens supérieurs que M.
Godefroy le Peintre avoit pour re-
mettre sur toile, & pour rétablir
les Tableaux les plus endomma-
gés, le firent aussi choisir pour
prendre soin de ceux de Sa Ma-
jesté, & pour veiller à leur conservation. Les mêmes talens ayant
été reconnus, après sa mort, dans
Madame Godefroy sa veuve, qui
avoit travaillée avec lui aux mêmes
Ouvrages pendant plus de vingt
années, ont fait avoir à cette veuve
l'agrément de la survivance, qu'elle
exerce conjointement avec M.
Colins, étant chargés tous deux
des mêmes soins. Madame Gode-

froy

froy eſt journellement occupée à
ce travail pour la plus grande partie des Curieux, qui tous ſont extrêmement ſatisfaits de ce qu'ils lui
confient, & qui ſe louent ouverte-
ment de l'intelligence, de l'adreſſe
& de la patience qu'elle a pour rétablir les morceaux les plus ruinés,
deſquels on croiroit ne devoir eſpé-
rer aucune reſſource.

Comme depuis la mort de M.
Godefroy le Peintre, les effets que
l'on doit expoſer en vente, ſont
reſtés, pour ainſi dire, dans une eſpece d'inaction, & que celle de M.
Godefroy le Banquier eſt auſſi ſur-
venue depuis la ſienne, on ſe trouve aujourd'hui dans la néceſſité in-
diſpenſable de vendre juridiquement ces Tableaux, pour donner
par cette Vente un état fixe & réel
à chacune de ces deux Succeſſions.

Il étoit de conſéquence pour les
intérêts réciproques de ces deux
Succeſſions, d'établir ici l'obligation forcée où l'on ſe trouve de
faire

faire cette Vente juridiquement, pour détromper ceux qui croiroient mal-à-propos qu'étant libre & non nécessitée, on pourroit y exposer les Tableaux sans une volonté déterminée de les vendre. Comme il est venu jusqu'à nous que quelques personnes mal intentionnés faisoient courir ce bruit, nous avons cru qu'il étoit à propos d'avertir le Public de son peu de réalité, puisqu'il n'arrive ici que ce qui est d'usage & de régle dans tous les cas de décès.

A l'égard des Diamans, Bijoux & autres effets, la Vente s'en fera pareillement sur les mêmes raisons alleguées & occasionnées journellement dans les Successions ouvertes par la mort des Propriétaires.

La Vente de tous ces effets commencera le Lundy de la *Quasimodo* 22 Avril 1748. à deux heures de relevée, & continuera les jours suivans à la même heure sans interruption, dans les Salles des Grands Augustins.

guſtins, qui ont été choiſies pour une plus grande commodité.

On donnera la facilité aux Amateurs de venir examiner les Tableaux ſur leſquels ils pourroient avoir des vûes, pendant les trois jours qui précéderont la Vente; c'eſt-à-dire, à commencer du Jeudi 18 du mois d'Avril, les matins depuis neuf heures juſqu'à midi, & les après dînés depuis trois heures juſqu'à ſix heures.

# APPROBATION.

J'Ay lû par ordre de Monseigneur le Chancelier, le Catalogue raisonné des Tableaux, Diamans, Bronses & autres effets, provenant de la Succession de feu M. CHARLES GODEFROY, Banquier & Joüaillier, & j'ai crû qu'on pouvoit en permettre l'impression. À Paris, ce 30 Janvier 1748. MAUNOIR.

# CATALOGUE

## RAISONNÉ

DES TABLEAUX, DIAMANS
& autres Effets de Curiofité,
provenant de la Succeffion de
feu M. CHARLES GODEFROY,
Banquier & Joüaillier.

## TABLEAUX.

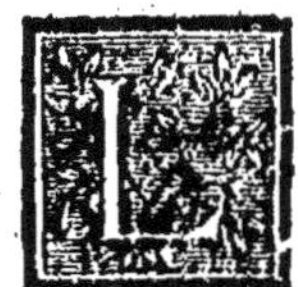

E Portrait du Duc de Buckingham en Bufte peint fur bois, par *Rubens*, de vingt-trois pouces de haut fur dix-fept pouces & demi de large, dans une Bordure de bois proprement fculpté & doré.*

*Rubens* a fait plufieurs Portraits de ce

---

* Tous les Tableaux font richement bordés proportion-nellement à leur mérite & à leur grandeur. Il y en a même quelques-uns dont le bois des Bordures eft de douze pou-ces de large. Les mefures que l'on donne de ces Tableaux, font prifes comme à l'ordinaire, d'une des extrêmités à l'au-tre, fans y comprendre les Bordures.

A          Sei-

Seigneur, qui avoit de l'amitié pour lui. Celui-ci est un des plus beaux, des mieux peints, & des plus vigoureux de ce Maître. Il est d'une conservation parfaite & d'une pureté admirable.

Comme c'est au Duc de Buckingham que *Rubens* doit l'Ambassade qu'il fit dans les Cours d'Espagne & d'Angleterre, pour rétablir la paix entre ces deux Couronnes, on ne sera peut-être pas fâché de trouver ici l'origine de la députation de ce grand homme. J'ai saisi l'occasion de ce Portrait qui me donne lieu de rapporter ce trait d'Histoire. Il peut être intéressant pour les Amateurs de la Peinture, qui ordinairement ne négligent rien de ce qui a rapport aux actions remarquables de ceux qui se font le plus distingués dans cet Art.

*Rubens* vint à Paris en 1625. pour faire placer lui-même les Tableaux de la Gallerie du Luxembourg, qu'il avoit peints à Anvers par ordre de la Reine Marie de Medicis, & pour y donner la derniere main, suivant ce qu'ils exigeroient quand ils seroient en place. Le Duc de Buckingham, homme de goût qui aimoit les Arts, & Seigneur fort estimé à la Cour de France, étoit alors dans cette Ville ; comme il avoit appris que le mérite de *Rubens* n'étoit pas borné aux seuls talens de la Peinture, & qu'il avoit donné

plusieurs

plufieurs fois des preuves d'un efprit folide
& dune pénétration tranfcendante, il cher-
cha l'occafion de faire connoiffance avec
lui. L'amour que le Duc de Buckingham
avoit pour la Peinture, fut moins alors le
motif de cette recherche, que les heureufes
difpofitions que l'on connoiffoit dans ce
grand Peintre pour la Politique & le ma-
niement des Affaires. Il le crut capable de
contribuer, par fon intelligence, à faire
ceffer les troubles qui regnoient dans ce
tems-là entre l'Efpagne & l'Angleterre.

Ce Seigneur, pour mieux réuffir dans fon
deffein, & pour fe procurer plus facilement
le tems de s'entretenir avec *Rubens*, le pria
de faire fon Portrait. Il lui fit part, dans les
converfations réiterées aufquelles l'execu-
tion de ce Portrait donna lieu, du chagrin
que lui caufoit la méfintelligence de ces
deux Couronnes. Il lui infinua le projet qu'il
avoit formé de l'engager à fe charger lui-
même de leur réunion, ne doutant point qu'il
n'en vint à bout s'il vouloit s'y prêter. Ce fut
alors que le Duc & *Rubens* fe lierent d'amitié; & c'eft cette amitié qui fournit par la
fuite à cet excellent Peintre, l'occafion de
recommencer plufieurs fois fon Portrait.

Le Duc de Buckingham ne fut point
trompé dans fon attente. *Rubens* étant de
retour à Bruxelles, rendit compte à l'In-

 fante,

fante, tante du Roy d'Efpagne, des converfations qu'il avoit eu avec ce Seigneur, & cette Princeffe lui ordonna d'entretenir foigneufement cette amitié qui eut fon effet quelque tems après ; car le Marquis de Spinola qui n'ignoroit point auffi le mérite fupérieur de *Rubens* pour les Négociations, crut qu'il n'y avoit perfonne plus propre que lui pour terminer cette grande affaire.

L'Infante approuva ce choix, & *Rubens* fut envoyé au Roy d'Efpagne avec les Inftructions néceffaires. Le Roy fut fi fatisfait de fes foins & de fa conduite, que pour donner plus d'éclat à fon miniftere, il le créa fon Chevalier, & le fit de plus Secretaire de fon Confeil Privé.

*Rubens* paffa enfuite en Angleterre, chargé des Commiffions du Roy Catholique & de l'Infante, pour terminer cette grande Négociation, & il parvint enfin à conclure cette Paix au gré des Puiffances qui l'avoient employé. Le Roy d'Angletere ne lui fit pas un accueil moins favorable que le Roy d'Efpagne. Il le créa pareillement Chevalier, & lui donna en plein Parlement l'Epée qu'il avoit à fon côté, ainfi qu'un riche Diamant qui étoit à fon doigt, & qu'il mit lui-même à celui de *Rubens* : ce qu'il accompagna d'un cordon de Diamans, de la valeur de dix mille écus.

On

On apprend dans le Livre des Conver‑
fations fur la Connoiffance de la Peinture,
par M. de Piles, imprimé à Paris en 1677.
que ce fut le Duc de Buckingham qui fit
acquifition des Statues antiques & des Ta‑
bleaux précieux qui formoient le Cabinet
de *Rubens*, & cela pendant la vie même de
ce Peintre. On lit à la page 196. de ce Vo‑
lume, que ce Duc s'appercevant que *Rubens*
alloit entrer dans la Négociation dont nous
venons de parler, & croyant que les gran‑
des affaires aufquelles il feroit employé,
pourroient diminuer fon amour pour la
Peinture, envoya un de fes Domeftiques
à Anvers lui offrir cent mille florins de
fes Antiques, & de la plûpart des Tableaux
de fon Cabinet, avec ordre de faire toutes
les inftances poffibles pour l'engager à les
lui céder. *Rubens* connoiffant la forte paf‑
fion que ce Seigneur avoit pour les belles
chofes, fe laiffa vaincre, à la charge néan‑
moins que pour être confolé de la perte des
objets où il avoit mis fon affection, & qui
lui avoient coûté tant de foins à raffembler,
le Duc feroit mouler les figures de marbre
dont il fe privoit, pour remplir les mêmes
places qu'elles occupoient. A l'égard des
Tableaux, *Rubens*, par la fuite, remplit de
fes propres Ouvrages, les vuides que laif‑
ferent dans fon Cabinet ceux qu'il lui avoit
abandonnés　　　　　A iij　　　2 Le

2  Le Portrait de la premiere femme de Rubens,
   peint aussi en Buste sur bois par le même, haut
   de vingt-trois pouces , & large de dix-sept
   pouces & demi.

Ce Portrait est un des plus agréables &
en même tems des plus piquans. Tout a
concouru pour n'y rien laisser à desirer. La
Tête en est gracieuse, aimable & jeune ;
le Pinceau y est extrêmement leger. Il est
clair dans toutes ses parties, pur & aussi
fini qu'un *Girard Dow*. Je doute que *Rubens* ait rien fait avec plus de soin , & l'effet
y est aussi ménagé que dans un grand morceau.

3  Un très-beau Tableau de forme octogone ,
   peint sur cuivre dans le goût de *Morillos* , &
   portant treize pouces en tous sens.

Ce morceau représente un Christ des-
cendu de la Croix , accompagné de la
Vierge & de deux Anges. Le Dessein y
est exact. Il est peint d'un grand goût, avec
beaucoup de vigueur & de fermeté. Quoi
que ce Tableau soit recommendable, il seroit difficile de lui donner un nom sur lequel on pût ne pas craindre de contradic-
tion. Pour éviter cet inconvénient , nous
avons crû qu'il étoit plus convenable d'en
abandonner la décision aux Connoisseurs,

que

qué de la vouloir prendre fur nous-mêmes ;
afin d'éviter le reproche qu'on pourroit
nous faire de vouloir donner par un nom illuftre, un plus grand mérite à ce Tableau ;
mérite cependant réel & reconnu, qu'on
ne peut lui refufer fans être injufte.

4 Un Chrift mort, accompagné d'un Ange, peint
fur pierre de touche par *Annibal Carrache*. Il
a douze pouces & demi de large fur onze
pouces de haut.

Le nom que porte ce Tableau eft affez
illuftre, fans qu'on foit obligé de s'étendre
beaucoup ici pour en faire l'éloge. Ce nom
fuffit pour préfumer le mérite qu'il doit y
avoir dans l'exécution de ce morceau.
Ainfi nous nous contenterons feulement
d'avertir les Amateurs, qu'il eft du meilleur
tems de ce Maître, & pur dans toutes fes
parties. On connoît affez la rareté de ces
Tableaux, furtout quand ils font de choix.

5 Le Portrait de *Mieris*, peint fur bois par lui-
même. Il eft ceintré par le haut. Il porte trois
pouces un quart de largeur fur quatre pouces
& demi de hauteur.

Ce Tableau, quoique petit, n'en eft pas
moins précieux, tant par la rareté des ouvrages de celui qui l'a peint, que par le
beau fini de fon Pinceau ; fans parler de
A iiij    l'avan-

l'avantage d'y trouver le Portrait d'un Maître auffi renommé. On voit au fond de ce morceau un Attelier de Peintre avec un Chevalet qui porte un Tableau fur lequel, malgré la petiteffe des objets qui y font repréfentés, on ne laiffe pas d'y diftinguer le fujet d'une Sainte Famille.

6 Deux petites Efquiffes peintes fur toile, & collées fur bois. Elles portent chacune fix pouces & demi de haut fur cinq pouces de large.

L'une de ces Efquiffes repréfente Vénus qui fait forger des armes pour Enée, par Vulcain. L'autre, eft un Mercure qui met le jeune Bacchus nouveau né entre les mains des Nimphes, en les chargeant de fon éducation. Elles font peintes par le Chevalier *Wleughels.*

7 Une Annonciation à la Vierge, peinte fur toile, de douze pouces de haut fur dix-huit pouces de large, fans Bordure.
8 Un Deffein de *Rubens,* repréfentant le Martyre de S. Livin, haut de vingt-deux pouces un quart fur feize pouces & demi de large.

Ce Deffein eft de la même grandeur que l'Eftampe qui eft gravée par Corneille *Van Caukerken.* Il y a toute apparence que c'eft d'après ce Deffein que cette Eftampe a été gravée.

9 Un

9 Un Payfage peint fur toile par *Van Romyn*, collé fur bois & orné de figures & d'animaux, fans Bordure. Il porte vingt-cinq pouces trois quarts de haut fur trente pouces de large.

Ce Maître étoit Hollandois : il peignóit dans le goût de *Carles Dujardin*, mais fes Tableaux ne font ni fi bien coloriés, ni fi exactement deffinés ; cependant ils ne laiffent pas d'être très-eftimés en Hollande, quand ils font de fon bon tems.

10 Un Chrift au Tombeau, peint fur bois d'a-près le *Parmef n*. Il porte douze pouces & demi de haut fur neuf pouces & demi de lar-ge. Il eft fans Bordure.
11 Un fort beau Tableau d'Architecture, peint fur toile par le fameux Pere *Pouzze* Jefuite. Il a vingt-huit pouces & demi de haut fur vingt-deux pouces & demi de large.

Les Tableaux de ce Maître font très-rares. Ce Religieux s'eft rendu illuftre dans la partie de l'Architecture. Nous avons de lui, en Langue Italienne, un excellent Traité de Perfpective en deux parties, *in-folio*, eftimé & recherché de tous les Cu-rieux, & même de tous les Maîtres de cet Art. Il eft orné de quantité de Planches parfaitement bien gravées. Il parut au commencement de ce fiécle, & on ne le trouve que difficilement ici. En voici le
titre

titre. *Prospettiva de Pittori & Architetti d'Andrea Pozzo della Compagnia di Giezu, in cui s'insegna il modo più sbrigato di mettere in Prospettiva tutti i disegni d'Architettura in Roma* 1702. Ce Livre porte un second titre Latin, qui n'est que la traduction de l'Italien.

Le Tableau de ce Peintre qui forme ce Numero est d'une belle ordonnance. Il représente un magnifique Temple dans lequel est peint le sujet de la présentation de Notre Seigneur par la Vierge. Les figures qui sont en grand nombre, y sont aussi bien peintes que bien dessinées. On voit dans le haut plusieurs Anges qui forment une Gloire. Ce morceau est clair dans toutes ses parties, frais, brillant, & doit plaire à ceux qui recherchent des Tableaux agréables.

12   Le Portrait de l'Empereur Charles V. peint sur toile en hauteur par *Rubens*, de grandeur de nature & sans Bordure. Il porte six pieds onze pouces de haut sur quatre pieds huit pouces de large.

Ce Portrait est peint à peu de frais & touché avec art & liberté. Charles V. y est représenté en pied & en habit d'Empereur, tenant une épée nue à sa main. Il paroît que *Rubens* a peint ce morceau pour être

expofé

exposé dans quelque lieu vaste, où peut-
être pour quelque Arc de Triomphe. Il n'y
a cherché que l'effet ; & pour jouir de son
véritable point de vûe, il demande à être
regardé de loin.

13 Un autre superbe Tableau peint par *Rubens*,
représentant une Adoration des Rois. Sa hauteur est de cinq pieds quatre pouces & sa largeur de sept pieds dix pouces. La Bordure
qui répond au mérite du Tableau est de douze
pouces de large.

Ce Tableau est un de ces morceaux capitaux dont il est difficile de pouvoir rendre parfaitement le mérite , & sur lesquels
les termes manquent souvent pour en pouvoir faire sentir toutes les beautés. Le simple
ple coup d'œil seroit beaucoup plus élo-
quent & plus expressif que le discours le
mieux étudié. Ainsi je me contenterai de
dire, qu'il doit être regardé comme un de
ces chefs-d'œuvres dans lesquels ce grand
Peintre déployoit son vaste génie par la ri-
chesse de l'ordonnance, l'expression des différens caractères, le brillant des couleurs,
la noblesse & la variété des figures , & le
grand goût des draperies. Il y a dans ce Tableau quatorze figures de grandeur de nature. Elles sont d'un dessein *suelte* , ce
qui ne se trouve pas toujours dans celles
de

de *Rubens*, à qui l'on reproche quelquefois de les avoir faites lourdes & courtes.

Il regne dans le tout une gayeté & des graces qui en rendent le coup d'œil des plus agréables. La Vierge dont l'atitude est simple & noble, la figure imposante & d'un très-beau choix, tient l'Enfant Jesus debout sur une table, où l'on voit une coupe pleine de pieces d'or, dont un des trois Rois ôte le couvercle, & dans laquelle cet enfant met la main pour en prendre. Ce Roi a pour Page un beau jeune homme qui porte le bas de son manteau, & qui se présente au milieu du Tableau, sur le devant ; ce qui réveille & fait briller cette partie, & y répand beaucoup d'agrémens. Le second Roi qui présente la Myrrhe est à genoux & prosterné ; son caractere est admirable & pénétre d'admiration. Le Roi Maure est debout, tenant un Encensoir dans lequel brûle l'Encens. Toute la suite qui accompagne ces trois Rois est en action & prend part au principal sujet de ce Tableau. Cette piece est d'une conservation parfaite, d'un précieux & d'un fini admirable. Elle mérite de tenir place dans les Cabinets de la plus haute réputation, & même dans les Collections renommées des plus grandes Puissances. Il feroit triste néanmoins que la France fût privée d'un morceau aussi

excellent,

excellent, ainſi que de pluſieurs autres du même mérite , qui ſont compris dans ce Catalogue.

14 Deux Eſquiſſes en Griſaille, peintes ſur toile par *Benedete de Caſtiglione*. Elles portent chacune dix-ſept pouces & demi de haut ſur vingt-cinq pouces de large.

Ces deux morceaux conviennent plus à un Connoiſſeur qui ne cherche que du goût & de la grande maniere , qu'à un Curieux qui ne s'attache qu'aux agrémens du ſujet , & au *précieux* du Pinceau.

15 Un Payſage peint ſur toile par *David Teniers*, de huit pieds trois pouces de large ſur cinq pieds cinq pouces de haut.

Ce Tableau eſt une des plus grandes *Machines* que *Teniers* ait jamais executé , tant par l'étendue de ſa forme que par l'immenſité du pays qu'il repréſente , & la quantité innombrable de figures & d'animaux dont il eſt rempli. On découvre dans le lointain de ce Payſage , les Villes de Bruxelles , Malines , Anvers & autres, *Teniers* jouant du violon & ſa femme , paroiſſent ſur le devant , avec un Page qui leur ſert à boire. Il y a ſur la même ligne deux Marchands de Beſtiaux entourés de

divers

divers Troupeaux de Vaches, Moutons, Porcs & autres Animaux en grand nombre. Ces deux Payfans confomment un marché, en fe frappant dans la main fuivant l'ufage Flamand. A côté, fur la droite, plufieurs autres Payfans & Payfannes converfent enfemble & fe réjouiffent. Plus loin, font d'autres Marchands de Grains & de différentes Denrées, avec quelques Charettes chargées de Foin, & des Moiffonneurs qui font l'Août. Dans l'endroit le plus éloigné on apperçoit une quantité prodigieufe de petites figures. La compofition de ce Tableau eft des plus riches. Il eft clair, brillant, plein d'ouvrage ; la variété des fujets qui y font repréfentés le rend très-amufant.

16 Un autre grand Payfage peint fur toile par *Vanude*, avec des figures de *David Teniers*. Il porte huit pieds dix pouces de large fur cinq pieds de haut.

On ne rifque point d'en impofer au Public, en lui annonçant ce Tableau comme un des plus féduifans Payfages qui foit connu. Une fraîcheur aimable ; une touche libre & aifée ; les effets de la nature parfaitement rendus ; un *fite* avantageux & varié ; une lumiére répandue à propos & par degrés dans toute fon étendue ; quelques coups de Soleil difperfés avantageufement

&

& exprimés avec une vérité surprenante ; enfin tout ce que l'on peut defirer dans un Ouvrage de ce genre, fe trouve réuni dans ce morceau. On fçait le talent que *Vanude* avoit pour les Payfages, puifque *Rubens* l'employoit quand il ne les pouvoit pas peindre lui-même.

Celui-ci repréfente un vafte Pays avec des Prairies à perte de vûe, coupées par des Ruiffeaux qui circulent dans toute la Campagne, & qui forment dans certaines parties des petites Cafcades qui y donnent une fraîcheur générale. On y voit une Mariée de Village qui revient d'une Eglife, dont on apperçoit le Clocher dans le lointain. Cette Mariée eft accompagnée de fa famille & de fes amis qui la reconduifent dans fa Chaumiere placée fur le haut d'une élévation. Toutes les figures font artifte-ment peintes par *David Teniers* dans fon *bon tems*, & touchées avec tout l'efprit & tout le goût imaginable, dans la maniere de *Rubens*, ainfi que les devans du Tableau dont l'effet eft furprenant.

Peut-être trouvera-t'on cette Defcrip-tion un peu vive, & qu'on la foupçonnera d'être trop avantageufe ? Je déclare cependant que je tâche toujours de rendre les effets d'un Tableau, tels que je m'en fens affecté, fans en vouloir alterer ni augmenter

le

le mérite. Je pourrois peut-être me laiſſer quelquefois ſurprendre & ſéduire par les apparences d'un éclat ou faux, ou emprunté. Je ne ſuis pas aſſez vain pour me croire à l'abri de toute erreur. Mais du moins puis-je aſſurer que je ne cherche jamais à ſurprendre ni à ſéduire qui que ce ſoit, en voulant lui inſinuer, par des éloges captieux & mal placés, des deſirs & de l'amour pour des choſes qui n'exigeroient aucune attention. Ce ſeroit agir alors contre la foi & contre la confiance publique : & j'oſe me flater qu'on ne ſeroit pas aſſez injuſte pour me ſoupçonner d'une pareille conduite qui répugneroit à l'honneur, comme contraire à la vérité. J'avoue que je n'ai pû me refuſer au plaiſir de retracer à mon imagination les agrémens & le mérite ſupérieur de cet excellent morceau qui ſeroit un de ceux qui me piqueroit le plus, ſi j'étois dans le cas d'en acquerir pour ma propre ſatisfaction, ou ſi j'avois un lieu convenable pour le placer.

Quoique les deux précédens Tableaux ſoient décrits ſous deux Numeros différens, ils peuvent ſe ſervir de pendans l'un à l'autre.

17 Un très-beau Tableau peint ſur toile par *Rothenamer*, de quarante-huit pouces de haut ſur trente-neuf pouces & demi de large.

Le sujet de ce Tableau eft la chute de Phaëton. Il eft orné d'une grande quantité de figures très-finies & gracieufes, telles enfin que les peignoit toujours ce Maître, dont le Pinceau eft agréable & moelleux. L'effet en eft admirable, l'ordonnance riche, & le coloris vigoureux.

*Rothenamer* étoit de Munick où il nâquit en 1564. Peu content du Maître chez lequel il avoit appris les premiers élémens de la Peinture, il fentit que pour fe rendre tranfcendant dans cet Art, un voyage en Italie lui étoit néceffaire. Quoiqu'il y ait étudié beaucoup d'après les plus grands Maîtres des Ecoles Romaine & Venitienne, il n'a jamais pû perdre tout-à-fait dans fon deffein, un certain goût Flamand qui regne dans fes Tableaux, & qui caractérife fa maniére. Son coloris & le beau fini de fon Pinceau l'ont toujours fait eftimer. Il s'eft attaché particulierement aux figures nues, par l'avantage qu'elles lui procuroient de faire briller fon coloris, en lui donnant occafion de répandre beaucoup de lumineux dans fes compofitions. Ses ordonnances font toujours chargées d'un grand nombre de figures, & quoiqu'il fe foit occupé fouvent à faire de très petits Tableaux, prefque toujours fur cuivre, cependant on en trouve quelquefois d'un très-

B      grand

grand volume. Un de ſes ſujets favoris étoit
celui de l'Aſſemblée des Dieux, qu'il a ré-
pété très-ſouvent en grand & en petit, mais
avec une ordonnance differente. Comme
il ne peignoit pas bien le Payſage, c'étoit
*Brughel de Velours* & *Paul Bril* qu'il employoit ordinairement pour les faire, &
l'on ne voit guéres de Morceaux de lui où
il y en ait, qu'il ne ſoit de la main de l'un de
ces deux habiles Maîtres. Ses Ouvrages furent recherchés de ſon vivant, & payés fort
cherement. Ils ſont encore *courus* & très-
eſtimés aujourd'hui, & même on n'en trouve pas facilement. Le gracieux & le tour
agréable de ſes Figures dont les têtes ſont
toujours d'un beau choix, ainſi que la fraîcheur de ſon coloris & le *beau fini* de ſon
Pinceau, feront toujours deſirer ſes Tableaux.

L'hiſtoire rapporte, que comme il étoit
d'une grande dépenſe, il vécut mal-aiſé-
ment pendant toute ſa vie, malgré les grandes occupations qu'il avoit, & les bienfaits
conſiderables qu'il reçut de nombre de Sei-
gneurs pour leſquels il travailloit. Il mourut à Veniſe, & l'on prétend que ſes amis
furent obligés de fournir aux frais de ſes
Obſéques.

18 Un petit Portrait de femme peint ſur bois

par

par *Rimbrandt*, de quinze pouces de haut, fur onze pouces trois quarts de large.

Ce Portrait doit être mis au nombre de ces petits morceaux piquans qui *ragoûtent* ordinairement les Connoiſſeurs, tant par le mérite de leur exécution, que par la difficulté de les pouvoir rencontrer. Il repréſente une femme paſſablement jeune qui paroît à ſa toilette devant un miroir. Son attitude qui eſt ſimple & naturelle, a été ſaiſie dans le moment qu'elle attache une de ſes boucles d'oreille. Le tout y eſt peint avec beaucoup de ſoin, de legereté & de vraiſemblance. Le coloris en eſt clair & brillant, & les effets très-piquans.

19 Un Tableau peint ſur toile par *Alexandre Veroneſe*, de quatre pieds trois pouces de large, ſur trois pieds trois pouces de haut.

Le ſujet de ce Tableau repréſente Androméde attachée au Rocher, dans le moment que le Monſtre Marin s'avance pour la dévorer, & que Perſée deſcend des Airs ſur le Cheval Pégaſe, pour la délivrer.

L'ordonnance de ce Tableau eſt des plus ſéduiſantes, & attire les yeux malgré ſoi. Ce grand Peintre a eu le talent de rendre ſon principal Sujet très-intéreſſant, tant par la grande beauté, l'aimable jeuneſ-

fe, & en même tems le sentiment de terreur qu'il a sçû peindre avec art fur le visa-
ge d'Androméde, que l'on voit frémir à
l'approche de ce Monstre, que par les graces & l'élégance qu'il a répandues dans le
reste & cette Figure. Il est difficile de
pouvoir la regarder sans ressentir une tendre & amoureuse inquiétude de fa situa-
tion, & sans se mettre au nombre des Spec-
tateurs représentés dans ce Tableau, qui
tous s'intéressent au fort malheureux de
cette Princesse, & qui témoignent par differentes attitudes de douleur, la pitié qu'elle leur inspire.

Mais, d'un autre côté, on se sent bien-tôt
rassuré par l'espoir de la délivrance de cette
Princesse. Cet espoir naît d'une confiance
parfaitement exprimée dans les caracteres
de plusieurs de ces Figures, qui, à l'approche de Persée, qu'ils apperçoivent dans les
Airs venir au secours d'Androméde, paroif-
fent certains de la Victoire que ce Prince
doit remporter fur le Monstre.

*Alexandre Veronese* étoit ainsi appellé,
parce qu'il étoit de la Ville de Verone, où
il naquit au commencement du fiécle pré-
cédent. Sa maniére est une des plus finies &
des plus arrêtées des Maîtres de cette École, & en même tems des plus agréables. Son
Coloris, néanmoins, est plus vigoureux

que

que son Dessein n'est exactement correct.
On prétend cependant qu'il ne peignoit
rien que d'après nature, & c'étoit ordinairement sa femme & ses filles qui lui ser-
voient de modeles. Ce qu'il y avoit de particulier chez ce Maître, est que sa maniére
d'opérer étoit totalement differente de celle
de la plûpart des meilleurs Peintres. Quand
il avoit un Sujet à traiter, il se contentoit
de le composer dans son imagination, &
d'en concevoir l'*ensemble*, dont il conser-
voit en lui-même une idée ; il plaçoit en-
suite & finissoit entierement chaque Figure
l'une après l'autre, en les grouppant par
degrés, suivant le besoin qu'exigeoit sa
composition ; & son Tableau se finissoit ainsi, partie par partie, sans que pour cela il fût
obligé de rien changer dans ses Figures
ainsi que dans son Coloris.

Quoique cette méthode singuliere lui ait
réussi, & qu'elle n'ait causé aucun préjudice
à l'accord, à l'intelligence, & aux propor-
tions réciproques de ses Figures, elle doit
être plus admirée comme extraordinaire, que
suivie comme avantageuse. Cette maniére
est trop opposée à la sage prudence de tous
les bons Peintres qui reconnoissent la né-
cessité indispensable de *tâter* leurs Sujets
par des idées qu'ils jettent avec un crayon
sur le papier, ou par des esquisses qu'ils tra-
cent

cent fur une toile avec un pinceau, afin de
faire leur choix avec plus de fûreté.

*Alexandre* peignoit fouvent de petits
Sujets fur des Marbres ou fur des Agates
qui lui fervoient de fonds. Il n'y a guéres
de grands Cabinets où l'on ne trouve de fes
Tableaux, qui de tout tems ont été efti-
més. On connoît affez les deux qui font
compris dans les trente-fix morceaux gravés d'après les Tableaux de Sa Majefté,
dont l'un repréfente le Déluge qui a été parfaitement rendu dans l'Eftampe que le Chevalier *Edelinck* a faite d'après. Le fecond
eft un Mariage de fainte Catherine.

Felibien, dans fes Entretiens fur la Vie
& fur les Ouvrages des plus excellens Peintres dit, à la page 141 du quatriéme tome de
l'Édition de Londres, *in-douze* 1745, que
l'on rencontre très-peu de fes Tableaux en
France, parce que la plûpart ont été por-
tés en Efpagne. Auffi, ajoute-t-il, ne tra-
vailloit-il guéres que pour ceux de cette
Nation, n'ayant aucun Commerce avec les
François, & même fort peu avec les Ita-
liens. Ce Peintre mourut à Rome en 1670,
âgé de 70 ans.

20　Un Tableau peint fur toile par *André Schia-*
*von*, de cinq pieds trois pouces de large,
fur trois pieds trois pouces de haut.

Ce Tableau repréfente Jefus - Chrift
guériffant

guériffant les malades. Il eft d'une touche large & ferme, d'un coloris vigoureux, & tient tout-à-fait de la maniére du *Tintoret*.

Le *Schiavon* nâquit à Venife, en 1522. on le met au nombre des plus grands Peintres d'Italie, dans la partie du coloris, le grand goût de compofition, & la belle difpofition des attitudes. Ses Etudes furent trop précipitées, pour qu'il pût devenir un grand Deffinateur, joint à la pauvreté dans laquelle il étoit né, qui ne lui permit pas d'employer en réfléxions utiles, un tems qu'il trouvoit à peine fuffifant pour lui fournir fes befoins. Son mérite fut fi long-tems inconnu, qu'il n'étoit occupé qu'à des Ouvrages médiocres qu'il faifoit pour des Marchands, & dans l'exécution defquels la prompte & facile expedition pouvoit feule le tirer d'affaire. On fe doute affez du peu de lucre qu'il retiroit de fes Ouvrages, étant fur-tout dans l'obligation de les envoyer ou de les porter lui-même de Boutique en Boutique, pour s'en procurer une défaite. Il eût refté long-tems dans cette mifere, fi le *Titien* n'eût travaillé à l'en retirer, en l'employant avec d'autres Peintres aux Ouvrages de la Bibliothéque de Saint Marc, de l'exécution de laquelle il étoit chargé.

*André Schiavon* s'étoit beaucoup attaché

ché à l'étude des Ouvrages du *Georgion* &
du *Titien*. En travaillant d'après ces grands
Maîtres, qu'il avoit choisi pour ses modeles, il se forma une maniére particuliére ;
si bien soutenue par les dispositions naturelles qu'il avoit pour cet Art, qu'il se fit
admirer des Connoisseurs par la fermeté de
son Pinceau, le goût exquis de sa couleur,
l'intelligence de ses ordonnances, & la
fierté de sa touche. Ce fut par-là qu'il sçut
réparer les négligences qu'on auroit pû lui
reprocher dans son Dessein. *Tintoret* même, suivant Felibien, faisoit tant de cas
de son coloris, qu'il disoit souvent qu'il n'y
avoit point de Peintre qui ne dût avoir devant les yeux un Tableau du *Schiavon ;*
mais aussi ne lui faisoit-il pas de grace sur
l'incorrection de ses Figures. Le même Auteur rapporte dans ses Entretiens déja ci-
tés, que ce Peintre mourut à l'âge de soixante ans dans la même pauvreté où il
avoit vécu ; que sa réputation & le prix de
ses Peintures augmenterent lorsqu'il ne fut
plus au monde, & que l'on trouve très-
peu de ses Tableaux en France.

21   Un Tableau d'Italie peint sur toile, & portant quarante pouces de haut, sur trente-trois
pouces & demi de large.

Ce morceau représente un *Ecce Homo.*

B

Il est vigoureusement peint dans la manière du *Tintoret*, ou fait dans son Ecole. La touche en est fiere & pittoresque.

22 Un autre Tableau d'Italie peint sur toile dans l'Ecole du *Bassan*, de cinquante-trois pouces de haut, sur soixante & dix-huit de large. Il n'a point de bordure.

23 Un Tableau peint sur toile d'après le *Titien*, & collé sur bois. Il représente Vénus & Adonis, & porte quarante-un pouces de haut, sur quarante-neuf pouces de large.

24 Un Tableau Capital peint sur toile par *Vandyck*, de six pieds un pouce de large, sur quatre pieds deux pouces de haut. Sa bordure qui est très-riche a dix pouces de bois.

La rareté des Ouvrages de cet excellent Maître est assez connue. Il a peu fait de Tableaux d'Histoire, & sur-tout de ceux qui peuvent être propres pour des Cabinets, tant du côté de la forme que par rapport au sujet. La grande réputation que ce Peintre s'étoit acquise dans le Portrait, l'occupoit trop, pour qu'il pût s'attacher à des Morceaux d'une grande composition qui auroient exigé trop de tems.

*Vandyck* vivoit noblement. Il étoit, outre cela, ennemi de la contrainte & d'une application trop suivie. Un Ouvrage d'une longue exécution, réïtéré souvent, ne convenoit point au genre de vie libre & aisée qu'il menoit. Ainsi l'on ne voit guéres de lui



que

que des Portraits, & par hazard quelques
Sujets de dévotion, faits pour des Églises ou
pour des Chapelles particulieres. On ne
doit donc pas être étonné du prix où l'on
porte ces Tableaux de choix, qui font con-
venables pour des Cabinets, & qui, par
leur rareté & leur mérite, excitent toujours
les defirs des grands Curieux.

Celui-ci repréfente Samfon lié & fur-
pris par les Soldats, faifant des efforts im-
puiffans pour rompre fes liens. Dalila, d'un
air victorieux, eft affife fur un lit de repos,
infultant au trifte état de Samfon, de qui
elle a eu l'adreffe d'arracher le fecret, par
l'aveu qu'il lui a fait que le principe de fa
force réfidoit dans fa chévelure. Elle triomphe de la foibleffe & de l'indifcretion de
fon Amant, dont la fureur eft irritée par la
préfence de celle qui eft l'auteur de fa peine, & qu'il voit jouïr avec fatisfaction, des
fruits de fa trahifon. On apperçoit encore
par terre, les cheveux de Samfon épars,
ainfi que le cizeau dont cette perfide s'eft
fervie pour les couper pendant qu'il dor-
moit.

On peut fe repréfenter une partie du
mérite de cet excellent Morceau, par la
vûe de la belle Eftampe qui a été gravée
d'après, par *Snyers.* Elle ne peut que donner une idée avantageufe de ce Tableau,

dont

dont la compofition eft admirable & pleine
de feu , quoiqu'il foit peint avec toute la
legereté dont *Vandyck* étoir capable. Il
feroit difficile de trouver un fujet plus intéreffant , & qui méritât mieux d'occuper
une place diftinguée dans les Cabinets les
plus renommés.

25 Un grand Tableau peint fur toile par *Lucas*
   *Jordans* , haut de fept pieds cinq pouces , &
   large de fept pieds huit pouces. Il repréfente
   le fujet d'Apollon & Daphné. Les Figures
   font de grandeur de nature.
26 Un magnifique Tableau peint fur toile par
   *Jacob Baffan.* Il porte cinq pieds trois pouces
   de hauteur, fur trois pieds fept pouces &
   demi de largeur. La bordure , qui répond à
   l'excellence de ce Tableau,eft très-bien fculp-
   tée : la largeur de fon bois eft de dix pouces.

Ce Tableau eft encore un de ceux de ce
Catalogue, qui mérite le plus de confidéra-
tion : c'eft auffi un de ces Chef-d'œuvres
dont on peut avancer,fans rifquer d'être re-
préhenfible , qu'il feroit très-difficile d'en
trouver un fecond en France qui pût entrer en paralléle avec lui. Sa parfaite con-
fervation ; la majefté & la richeffe de fon
ordonnance ;  la fierté & la franchife de fa
touche ; la pureté & l'effet de fes couleurs ;
l'élégance du Deffein de fes Figures qui
font environ au nombre de quarante, & l'ex-
C ij     preffion

preſſion de leurs caracteres ; ce grand goût reconnu & unique dans les ſeuls Maîtres renommés de cette École ; tout enfin concourt à le faire regarder comme un des plus intéreſſans que l'on puiſſe voir de ce Peintre, dont les Tableaux vrais & inconteſtables ſont ſi rares, qu'on en trouve à peine dans les plus fameux Cabinets.

Ce Sujet, qui eſt l'Aſſomption de la Vierge, eſt même traité avec beaucoup plus de nobleſſe que *Jacques Baſſan* n'avoit accoutumé de mettre dans les Ouvrages de ſa main. La Gloire qui eſt dans le haut du Tableau, & qui entoure la Vierge, eſt ornée de pluſieurs Anges qui y répandent une aimable gayeté & une lumiere agréable.

Ce Tableau peut être placé avec confiance à côté des Maîtres les plus redoutables, ſans que l'on puiſſe appréhender d'en alterer le mérite, ni l'effet.

27 Un très-beau Tableau peint ſur toile par *Carlo Maratti*. Il porte trente-ſept pouces de haut, ſur cinquante pouces de large.

Ce Tableau, qui eſt un des plus agréables de ce grand Maître, repréſente une Sainte Famille, ou pour mieux dire, un repos en Egypte. Les graces, la legereté, la nobleſſe des Figures, & ce bel accord

des

des couleurs que *Carlo Maratti* répandoit toujours dans ses Tableaux , se remarquent dans toutes les parties de celui-ci, qui , par malheur , n'a fait que trop de bruit parmi les Curieux. Sa réputation est établie sur une aventure trop sinistre , pour en rappeller ici la mémoire.

Il seroit à souhaiter que cette triste aventure eût pû du moins instruire fructueusement des dangers qu'il y a de donner indiscretement ou à dessein, des impressions désavantageuses sur certains Morceaux, dont le mérite réel perce tôt ou tard. Ceux, sur-tout , qui font commerce en ce genre de curiosité , ne peuvent être trop circonspects dans les conseils qu'on leur demande, & dans les avis qu'un Curieux chancelant veut, quelquefois , exiger d'eux. Le parti le plus sage est de ne hazarder jamais de parler, de soi-même, d'un Tableau , que lorsqu'il y a occasion d'en relever les beautés. Cependant on ne doit nullement être embarrassé quand on ne peut éviter de dire son sentiment. Il ne faut que suivre , en ce cas , la conduite prudente de ces ennemis déclarés de toute partialité , qui se contentent d'exprimer exactement & avec vérité , l'effet que fait sur eux un Tableau , sans vouloir lui être trop favorable , sous prétexte qu'il intéresseroit quelqu'un qu'ils

 voudroient

voudroient obliger, & auſſi ſans affecter
d'en vouloir attaquer tous les défauts, avec
intention de nuire à celui qui en ſeroit le
propriétaire. Quel fruit peut-on ſe pro-
mettre d'une autre conduite ? Et n'eſt-ce
pas là le véritable moyen que doit employer un homme d'honneur dans ces oc-
caſions, comme le ſeul capable de le mettre à l'abri de tout reproche, tant de la part
de celui qui le conſulte, que du côté de
celui à qui l'effet appartient ?

Mais il n'arrive que trop ſouvent que par
un intérêt mal entendu, ou que pouſſé par
une baſſe jalouſie de Métier, attachée plus
particulierement à ce genre de négoce qui
d'ailleurs n'a rien que d'agréable & d'a-
muſant, on ne cherche qu'à dégoûter, de
propos délibéré, par un examen rigoureux
& malin, un Curieux qui paroît avoir quelque penchant pour un Morceau qui lui plaît.

On prive ſouvent par là un Amateur,
d'un Tableau qu'il aime, & qu'il ne peut
s'empêcher de regretter toutes les fois qu'il
le retrouve entre les mains d'un autre. Ces
exemples ſont fréquens, & nous les voyons
arriver tous les jours.

Comme il n'y a point de Tableaux, tels
parfaits qu'ils ſoient, dont on ne puiſſe facilement donner quelques impreſſions dé-
favantageuſes, & auſquels on ne ſoit en
état

état de porter préjudice, lorfqu'on en veut anatomifer les parties foibles, en les attaquant les unes après les autres, on eft fûr alors de réuffir dans fon deffein, & l'on fe trouve toujours dans la poffibilité de nuire quand on le veut. On va même encore plus loin quelquefois. On ne fe contente pas de mettre en évidence, & dans un grand jour, les défauts réels d'un Morceau, mais on lui en prête fouvent qu'il n'a pas. Tout devient excellent ou déteftable, original ou copie, pur ou retouché, correct ou incorrect dans le deffein, felon les differens intérêts pour ou contre que l'on prend aux chofes ou aux perfonnes qui les poffedent. Combien ces fortes de manœuvres oppofées à l'honneur & à la bonne foi, font-elles fujettes à de fâcheufes fuites! On n'en voit que trop fouvent des preuves. Et combien auffi ces fortes d'avis doivent-ils paroître fufpects & méprifables aux Amateurs, quand ils fe trouvent dans l'occafion d'en découvrir le faux & la malignité, dont les effets ne peuvent tourner avec le tems, qu'à la confufion de ceux qui font dans ce mauvais ufage!

Quelle erreur de croire encourager ainfi un Amateur, & de s'imaginer de gagner par-là auprès de lui un plus grand crédit! Mais bien plûtôt, quel inconvénient n'arrive-

rive-t-il pas ordinairement d'une pareille
conduite! On nourrit, en ce cas, dans l'efprit d'un Curieux qui n'eft pas en état de fe
décider, une méfiance déja naturelle &
qu'on ne peut blâmer. Il croit avoir été
trompé fur chaque Tableau, ou du moins,
il craint de l'être par la fuite. Il chancelle &
combat fes defirs, fur un nouveau Morceau
qui le flate. Il voudroit, mais il n'ofe, en rechercher la poffeffion. Cette émulation qu'il
avoit pour augmenter fon Cabinet, tombe in-
fenfiblement & tourne en dégoût. Il n'a plus
de confiance en qui que ce foit, parce qu'il
ne peut pas en avoir en lui-même ; & enfin
tout le fruit qu'il tire de fa curiofité, eft de
fe perfuader que l'on court toujours trop
de rifque dans ces fortes d'acquifitions, &
qu'on ne doit prefque jamais compter fur la
franchife des fentimens de ceux qui exer-
cent cette Profeffion.

Je ne prétens pas, à beaucoup près,
infinuer par-là aux Marchands, une fauffe
complaifance en faveur de leurs Confreres,
ni les exciter à s'étendre en de fades & ri-
dicules louanges fur des Morceaux qui n'auroient aucun mérite, & encore moins leur
confeiller de taire, quand ils feront con-
fultés, les malverfations qu'ils reconnoî-
troient dans des fuppofitions de noms
d'Auteurs ou d'originalité. Cette maxime
feroit

feroit encore plus condamnable, com  e
contraire au bien public. Il n'y a rien alors
à ménager ; le filence deviendroit repré-
henfible ; ce feroit foutenir la fraude, &
vouloir ouvrir le chemin à une tromperie
manifefte. Mais, j'entens feulement qu'ils
doivent fe renfermer, en ce cas, dans les
bornes étroites de la plus exacte vérité,
fans préjudicier aux intérêts des deux parties ; Qu'ils ont tort de prendre fur eux une
décifion affirmative pour ou contre, s'ils
ne fe fentent pas capables de la pouvoir
donner avec connoiffance de caufe ; & enfin, qu'ils ne doivent point rencherir fur
les beautés d'un Morceau, ou en groffir
les défauts, felon les differens mouvemens
des paffions qui pourroient les faire parler
en bien ou en mal.

Ce vice n'eft que trop le vice général
des Commerçans en tout genre ; il n'eft
auffi que trop connu ; & il feroit à defirer,
pour l'avantage des Arts, ainfi que pour
celui des perfonnes qui les cultivent & qui
les aiment, qu'il fût moins ordinaire.

Un Curieux, en effet, doit toujours être
en garde contre la réalité des avis donnés
par un Marchand, fur des effets dont il fait
lui-même commerce, & que l'intérêt peut
porter à méprifer, dans l'efpoir que ce Curieux pourroit avoir recours à lui. Il faut

avoir

avoir beaucoup de foi pour être perſuadé de la fidelité de ces avis, ſur-tout quand ils ſont donnés ſans qu'on les ait requis ; & rarement auſſi, en eſt-on la dupe.

28  Un très-beau Tableau d'Italie peint ſur toile dans le goût du *Fœti*, & repréſentant Notre-Seigneur ſervi à table, par des Anges. Il porte trente-cinq pouces & demi de haut, ſur trente pouces de large.

29  Un Sujet allégorique peint ſur bois dans le goût de *Franc Flore*. Il porte dix-neuf pouces & demi de haut, ſur vingt-ſept pouces & demi de large.

Quoique ce Morceau ne ſoit point décidé touchant le nom de ſon Auteur, il n'en eſt pas moins intéreſſant dans l'exécution de ſon coloris & dans la correction de ſon deſſein. Il y a même des parties qui approchent beaucoup du goût & de la Touche de *Rubens*. Il repréſente un jeune homme dans une Barque qui ſe défend en ramant, contre les flots. On voit deux femmes dans cette Barque, dont l'une prend ce jeune homme par-deſſous le menton. Cette Allégorie paroît tendre à donner l'idée du combat des hommes contre les paſſions.

30  Un très-beau Payſage peint ſur toile par Adrien *Vanden-Velde*. Il porte trois pieds de haut, ſur quatre pieds de large.

Les Morceaux de ce Maître, qui ſont
très-

très-recherchés, ne se trouvent pas ordinairement d'un si grand volume. Celui-ci
représente la vûe d'un Paysage Hollandoi.
d'après nature, & dont l'horizon est fort
bas. Toutes les vûes de ce Pays ne peuvent
jamais donner de varieté dans le Terrein,
n'y ayant aucunes éminences qui puissent
favoriser un Peintre qui travaille d'après
nature, & qui veut rendre son Sujet tel qu'il
le voit. On apperçoit sur le devant du Tableau, un Paysan qui conduit un troupeau
de Bœufs & de Vaches. Ces animaux y sont
dessinés avec la plus grande correction, &
peints avec cette vérité que l'on reconnoît
dans tous les Ouvrages de cet excellent
Maître. L'effet en est beau, & la Touche
en est ferme.

31 Une magnifique Nôce, de David *Teniers*
    peinte sur toile, de quatre pieds de large, sur
    trois pieds de haut.

Ce Tableau est encore un de ces morceaux
capitaux de ce grand Maître, dont la varieté & l'action des Figures, ainsi que le mérite de l'exécution, attirent ordinairement les
regards des Curieux. Les Figures y sont
d'une certaine grandeur, au nombre de
trente-quatre. C'est un de ceux qu'il a peints
avec le plus de vigueur, quoiqu'il soit d'un
*grand fini.* L'effet en est admirable, & les
                                        caractere.

caractéres de Tête y font d'un très-beau choix. Il y en a une fur-tout d'un Vieillard qui paroît fur le devant du Tableau, dont la *fineffe* & la *fierté* de la Touche font tout-à-fait dans le goût des Têtes du *Rimbrandt*. On découvre vers la droite du Tableau un lointain, avec un Village placé fur le haut d'une Colline. On ne rencontre guéres de Tableaux de ce Maître qui foient plus vigoureux , & qui méritent mieux les attentions d'un Amateur. Sa bordure eft de fept pouces de bois.

32 Un agréable Tableau peint fur toile par le *Guide*, de vingt-fept pouces de haut, fur trente-trois pouces de large.

La rareté & le mérite des Ouvrages de ce grand Maître font connus de tous les Curieux. Celui-ci repréfente un jeune Enfant nud , dormant, & couché fur un linge. Le *Guide* avoit un talent fupérieur pour rendre les Carnations dans leur fraîcheur, & pour conferver un ton lumineux & clair dans toutes les parties de fon Sujet , joint à la legereté de fon Pinceau qui eft inimitable. C'eft auffi ce qui fait l'agrément de ce Morceau.

33 Une Annonciation aux Bergers, peinte fur toile par un des *Baffans* , de dix-huit pouces

de

de haut, sur vingt-sept pouces de large, sans bordure.

24. Un grand Tableau peint sur toile par *Rubens*. Il porte six pieds cinq pouces de largeur, sur quatre pieds un pouce de hauteur.

Ce Morceau est un de ces effets prodigieux du Pinceau de ce grand Maître, où sans chercher à finir avec soin toutes les parties de son Tableau, il se contentoit de le composer poëtiquement, & de l'exécuter avec cette fougue de génie & cette énergie d'expression, dont il étoit seul capable. Son Sujet est le fameux *Quos Ego*..... tiré de l'Énéide de Virgile. *Rubens* a suivi de point en point ce que le Poëte a si bien rendu dans son Poëme. Cet excellent Peintre a eu le talent d'exprimer dans ce Tableau, la plus grande partie de ce que Virgile a renfermé dans plus de soixante Vers du premier Livre de son Énéide, où il décrit cette furieuse tempête qu'Eole Dieu des Vents fit soulever à la priere de Junon qui avoit jurée la perte des Vaisseaux de la Flotte d'Énée.

Si ces deux grands hommes, supérieurs chacun dans leur Art, eussent vécu dans le même tems, il seroit difficile de dire à la vûe de ce Tableau, si le Peintre a fait ce Sujet d'après la Description qu'en a donnée le Poëte, ou bien si le Poëte l'a exécuté

dans

dans ſon Poëme, d'après l'imagination du Peintre.

Les Eaux ſe trouvent confondues avec le Ciel, & la fureur de leurs flots s'élevent juſqu'aux cîmes des Rochers les plus élevés, contre leſquels ils viennent ſe briſer avec impétuoſité. L'air eſt par-tout enflammé d'éclairs, & le tonnerre tombe de toutes parts. On voit s'enfoncer dans l'abîme de ces Eaux un de ces Vaiſſeaux, tout enflammé de la foudre que Junon elle-même que l'on apperçoit dans un nuage, a lancée ſur lui. L'effet de l'embrazement de ce Vaiſſeau eſt peint avec tant de ſéduction, que l'on s'imagine véritablement le voir enflammé. On admire ſur le haut d'un Rocher, une figure dans une attitude animée, ſaiſie d'effroi par la vûe de ce ſpectacle, & dans laquelle le ſentiment de terreur eſt exprimé avec tout le feu imaginable. Les nuages cependant commencent à fuir, & le Soleil cherche à reparoître. La préſence de Neptune a déja commencée à ramener le calme dans le lieu où on l'apperçoit. Ce Dieu eſt monté ſur ſon Char ſoulevé par quelques Nayades, & tiré par des Chevaux Marins.

Nous ne prétendons pas donner ce Tableau comme un de ces Morceaux capitaux de ce Maître, ſur leſquels il a employé un

tems

tems suffisant pour en rendre toutes les parties avec les soins nécessaires qui les font mettre au rang de ses Ouvrages les plus précieux. Il ne peut pas, cependant, passer pour une simple Esquisse, les Figures y étant exactement dessinées & peintes d'une maniere assez arrêtée, pour qu'il puisse être regardé comme un Tableau fait. Nous le présentons donc, avec confiance, comme un Morceau piquant, peint librement & avec intelligence, qui peut être placé avantageusement dans un Cabinet, auprès des productions des plus grands Maîtres, & qui doit satisfaire un véritable Connoisseur. Il est même plus convenable à ces vrais Amateurs de la Peinture qui s'attachent ordinairement, plus au grand goût d'un Peintre, au beau génie de la composition, & au feu d'une exécution facile, qu'à ces Ouvrages trop terminés, & qui sont presque toujours accompagnés d'un froid & d'une *secheresse* qui ne peuvent leur plaire.

35 Quatre Tableaux peints sur toile par *Van-Bouck*. Ils ont chacun six pieds dix-pouces de large, sur quatre pieds un pouce de haut, & sont renfermés dans de vieilles bordures.

Ce Peintre a voulu donner dans chacun de ces quatre Morceaux, une idée de chaque

que

que Elément. Le premier qui repréſente
l'Eau, eſt une vûe de la tête de Flandre,
qui eſt vis-à-vis la Ville d'Anvers : ce qui
caractériſe cet Elément, ſont pluſieurs
grands Poiſſons répandus ſur le bord de
l'Eſcaut qui paroît au-devant du Tableau.
Le ſecond, qui eſt l'Air, eſt repréſenté par
divers Oyſeaux de toute eſpece. On voit
dans le troiſiéme, qui eſt la Terre, un
grand nombre de fruits & de légumes diſ-
perſés & grouppés enſemble : Enfin le
Feu, qui eſt le quatriéme Elément, eſt
reconnoiſſable par pluſieurs Canons & autres inſtrumens de Guerre, ainſi que par
un Fort aſſiégé que l'on voit dans le lointain du Tableau. Ces quatre Morceaux
peuvent ſervir d'ornement dans une ſalle ;
ils ſont très-bien peints, & la plûpart des
objets y ſont repréſentés avec beaucoup de
vérité.

36 Deux petits Tableaux peints ſur toile par Mr.
*Chardin*, de quinze pouces de haut, ſur onze
pouces trois quarts de large.

Ces deux Tableaux ſont du premier genre dans lequel Monſiéur *Chardin* a donné.
Ils repréſentent des légumes & quelques
attirails de Cuiſine. Quoique ces objets
ſoient peu intéreſſans, ils ſont rendus avec

ce

ce naturel & cette Touche particuliére à
cet excellent Maître, qui fait rechercher
toujours avidement tout ce qui est sorti de
ses mains.

37 Un très-beau Tableau peint sur toile par Se-
baftien *Bourdon*, de quarante-cinq pouces de
haut, sur cinquante-sept pouces de large.

Ce Morceau représente Androméde délivrée par Persée. Il doit passer incontesta-
blement pour un des plus intéressans & des
plus agréables que ce grand Maître ait fait.
C'est le moment après lequel Androméde
a été délivrée des fureurs du monstre, que
ce Peintre a voulu représenter. Elle n'est
plus attachée au Rocher ; le Monstre paroît renversé & sans vie ; & Persée triom-
phant se lave les mains sur le bord du Fleu-
ve, où sont plusieurs jeunes Nayades, dont
quelques-unes sont appuyées sur son Bou-
clier. Rien n'est plus séduisant à l'œil que
ce Tableau, par les graces & la fraîcheur
qui y sont répandues de toutes parts. Il est
clair, brillant, & extrêmement fini. Il seroit difficile de trouver un Sujet de ce Maître, qui fût plus agréablement traité, & qui
eût plus de parties intéressantes & capables
de satisfaire un Curieux difficile.

38 Deux petits Paysages peints sur cuivre par
*Bartholomé* Eleve de *Salvator Roze*. Ils ont

 chacun

chacun sept pouces & demi de haut, sur onze
39 pouces de large.

Un Tableau d'Italie peint sur toile, représentant la femme adultere. Il porte quarante-
un pouces de haut, sur cinquante-deux pouces de large.

40 Deux Tableaux pendans, peints sur toile par
*Boyer*, dont l'un représente un Paysage, &
l'autre un Sujet d'Architecture, tous deux
ornés de Figures. Ils ont chacun dix-sept
pouces & demi de haut, sur vingt-trois pouces de large.

41 Deux petits Tableaux Flamans représentant
des Foires de Village, dont l'un porte dix
pouces de haut, sur quinze pouces & demi
de large, & l'autre dix pouces & demi de
haut, sur quatre pouces de large.

42 Un petit Sujet de *Watteau* peint sur toile,
haut de quinze pouces, & large de douze
pouces.

43 Cinq autres petits Tableaux Flamans de peu
de valeur, de différens Sujets & de différentes grandeurs.

44 Un joli Tableau peint sur bois par *Bartholomé. Brehenbergh*. Il porte douze pouces un
quart de haut, sur dix pouces & demi de
large.

Ce Tableau est des plus finis & des plus
piquans de ce Maître. Il représente une espéce de Rocher ouvert, au travers duquel
on voit un fort beau Paysage peint avec
beaucoup de soin. Son effet est agréable,
& les Figures y sont bien dessinées Sa
forme est ceintrée dans le haut, & sa bordure est quarrée.

45

45 Un Tableau peint fur bois par *Philippes Wau-*
*wermens*, haut de quinze pouces & demi,
& large de douze pouces & demi.

Ce Morceau eft peint dans le meilleur
tems de ce Maître ; il repréfente trois Chevaux de Payfan dans une prairie, avec deux
Figures dans le lointain qui font couchées
fur l'herbe. Le tout eft fini foigneufement,
& la touche approche beaucoup de la maniére de *Paul Poter*. Il paroît même que
*Wauwermens* l'a voulu imiter, fur-tout
dans les terraffes. Le tout en eft clair &
brillant.

46 Deux très-beaux Tableaux peints fur toile par
*Bourdon.* Ils portent cinq pieds quatre pouces de largeur, fur trois pieds huit pouces &
demi de hauteur.

Ces deux Tableaux repréfentent deux
riches Payfages ornés de différentes fabri-
ques & de plufieurs Figures. La quantité
des eaux qui s'y trouvent, & dont la plûpart forment des chûtes, rendent ces Morceaux agréables & amufans. Ils font du
nombre de ceux qui ont été gravés d'après
ce Maître.

*Fin des Tableaux.*

# DIAMANS
## ET
## BIJOUX.

QUoique dans le grand nombre de Diamans & de Bijoux qui feront à vendre, il fe trouve plufieurs morceaux de conféquence & de prix, on n'a pas jugé à propos d'infcrire dans ce Catalogue fous un Numero particulier, chacun de ces morceaux. On a voulu éviter un détail qui feroit devenu trop long, & qui de plus, par une répétition ennuyeufe des mêmes chofes, auroit pu devenir à charge aux Curieux. On a cru qu'il fuffiroit d'annoncer feulement, fous un feul Numero, chacune des fortes qui fe trouveront dans chaque genre. On n'excepte de cette regle que l'on s'eft prefcrite, que deux feuls articles que l'on regarde comme uniques dans leurs efpeces, & qui méritent par leur rareté & leur perfection, plus encore que par leur prix, d'être diftingués. Ce font les deux premiers que l'on trouvera ci-après énoncés. A l'égard

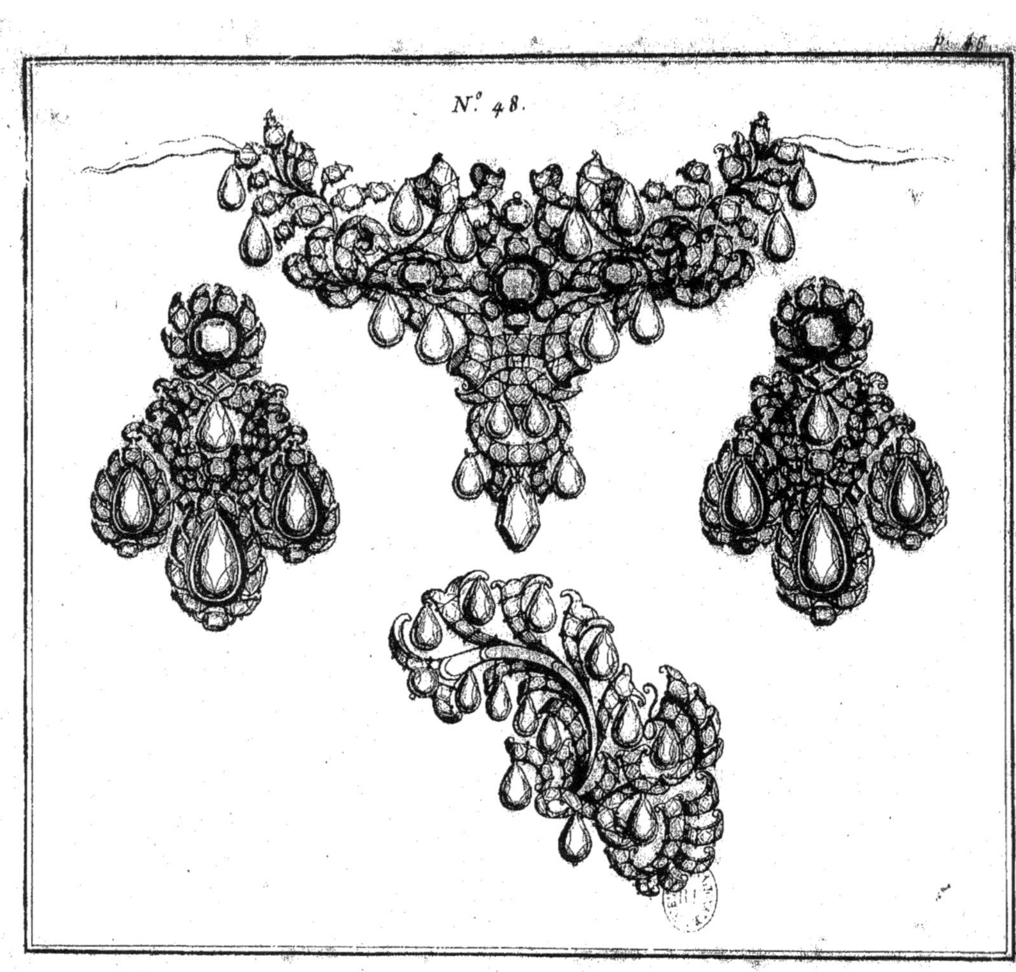
N.º 48.

l'égard des autres pieces, quoi qu'il y en ait plusieurs qui soient recommendables & de prix, elles seront confondues dans le Numero qui servira d'annonce aux morceaux de leurs especes. On se contentera donc d'avertir ici que dans la partie des Diamans, sur tout, il y aura de quoi satisfaire nombre de Particuliers, à différens prix, foibles ou forts.

47 Une Bague d'un grand Saphir d'Orient, de forme quarrée, les coins arrondis, du poids de cinquante-cinq grains & demi.

Cette Pierre est parfaitement nette & sans aucun défaut. Sa couleur veloutée est des plus riches & des plus égales, & sa proportion des plus parfaites. On peut même la regarder comme une des plus belles qui soient connues, pour ne la pas dire unique. On l'exposera en vente hors de son œuvre, afin d'en voir mieux sa couleur naturelle, & l'on conservera l'œuvre pour ceux qui souhaiteront voir son effet, quand elle y est renfermée.

48 Un assortiment en Diamans blancs, pour femme, des plus riches & d'un goût nouveau.

Cet assortiment est unique dans son genre; il seroit très-difficile, pour ne pas dire
impossible,

impossible, d'en former un second qui lui fût égal. Il est composé d'un grand Nœud de col en forme d'Agrafe, d'une paire de Boucle d'oreilles en Girandoles, & d'une Aigrete. Ce qui fait la singularité de cette parure sont trente-huit Pendeloques à * l'Indienne, ou taillées en double Rose, qui en forment le fonds. Ces Pendeloques sont percées & suspendues solidement par le secours d'un petit fil imperceptible, ce qui les rends isolées & les développe dans toutes leurs parties. C'est le seul assortiment de ce goût qui soit connu. Cette monture donne aux Pierres un avantage considérable, par le mouvement aisé & continuel qu'elle leur procure, ce qui leur donne beaucoup plus de jeu & de vivacité.

L'accompagnement de ces Pendeloques est formé par un dessein galant, d'un goût léger & exquis, & exécuté en Pierres de Karat & autres Brillans plus forts, le tout parfaitement bien assorti.

On doit juger de la difficulté qu'il y a eu & du tems qu'il a fallu pour pouvoir rassembler une assez grande quantité de Pendeloques assorties, & capables de pou-

---

* On appelle Pendéloque à l'Indienne, ou Taille de double Rose, un Diamant dont le dessus & le dessous sont taillés également en Rose, de façon que son jeu est égal des deux côtés, ce qui le rend infiniment plus vif & plus brillant.

voir

voir compofer une parure auffi complette.
On doit croire auffi que l'on n'a pas négligé
tous les foins néceffaires pour le bon goût
du deffein de la monture, ainfi que pour la
délicateffe de fon exécution ; & c'eft avec
juftice que l'on peut avancer que ce feroit
travailler en vain, que de tenter d'en vouloir créer une pareille.

On fent affez, fans chercher à le faire re-
marquer, la dépenfe énorme qu'il a fallu
faire pour porter à fa perfection une pareille
entreprife, fans parler des frais confidéra-
bles aufquels font montées les feules ou-
vertures de chaque Pendeloque que l'on a
fait percer par le haut d'outre en outre,
afin d'éviter le défagrément d'une autre
monture, qui auroit nuit à l'effet que l'on
en vouloit tirer.

On a jugé à propos de faire graver le
deffein de cette parure dans fa jufte grandeur. Une fimple Defcription n'étoit pas
fuffifante pour la pouvoir repréfenter telle
qu'elle eft ; quoiqu'il foit cependant facile
de s'imaginer que la Gravure n'eft capable
d'en repréfenter que la forme, & nullement
le brillant de fon effet, la vivacité de fon feu
& la perfection de la main d'œuvre. Elle
fervira du moins à en donner une légere
idée que l'on n'auroit pas pu rendre auffi
facilement fans fon fecours.

49 Plufieurs

49 Plufieurs articles de Diamans blancs Brillans, Rofes, & Pierres de couleur fur le papier.

50 Quelques Pierres gravées en creux & en relief, & non montées.

51 Differentes Bagues montées, compofées de Pierres gravées en creux & en relief, de Diamans jaunes & de couleur de rofe, de Brillans blancs, de Rofes, & de plufieurs autres Pierres de couleur, entourées, & non entourées. Elles font d'un different goût, & il y en a quelques-unesqui font de prix.

52 Plufieurs Boucles d'oreilles montées en Diamans brillans blancs & en Rofes, entourées & non entourées, & parmi lefquelles il s'en trouve auffi d'une certaine conféquence.

53 Différentes Aigrettes compofées de Diamans brillans blancs, de Rofes & de Pierres de couleur de différens prix.

54 Diverfes Croix banlantes à la Dévote avec leurs Coulans, tant en Diamans brillans blancs qu'en Rofes, dont quelques-unes font de conféquence.

55 Quelques Tabatieres pour hommes & pour femmes, tant d'or que de Cailloux garnis en or.

56 Bequilles & Porte-Crayons d'or.

57 Montres d'or d'Angleterre & autres, avec un Réveil auffi d'Angleterre.

58 Un nombre de Cachets gravés tant fur Onix, que fur d'autres Pierres montées en or.

59 Une fuite de Médailles des Empereurs Romains, en argent. Le tout enfermé dans un Médaillier.

60 Quelques petits Bronzes, quelques Porcelaines, avec quelques autres effets, dont on n'a pas jugé le détail affez intéreffant pour les placer dans ce Catalogue.

F I N.